AF452690

COLLECTION

COLORIÉE

DES
PLUS BELLES VARIÉTÉS

DE

TULIPES

qu'on cultive dans les Jardins des Fleuristes.

OU

ÉTRÈNNES DE FLORE

Aux Amateurs.

A PARIS.

Chez M.ʳ Buchoz Médecin de Monsieur, Directeur de cet Ouvrage, rue de la Harpe vis-à-vis celle de Richelieu-Sorbonne.

1781.

HECTOR.

PERSÉE.

ALEXANDRE LE GRAND.

LA SINGULIÈRE.

LA BELLE HOLLANDOISE.

Pl. II.
LA BELLE AGATHE.

LA PORTUGALE.

LA POLONOISE.

L'ADMIRABLE DE FRANCE.

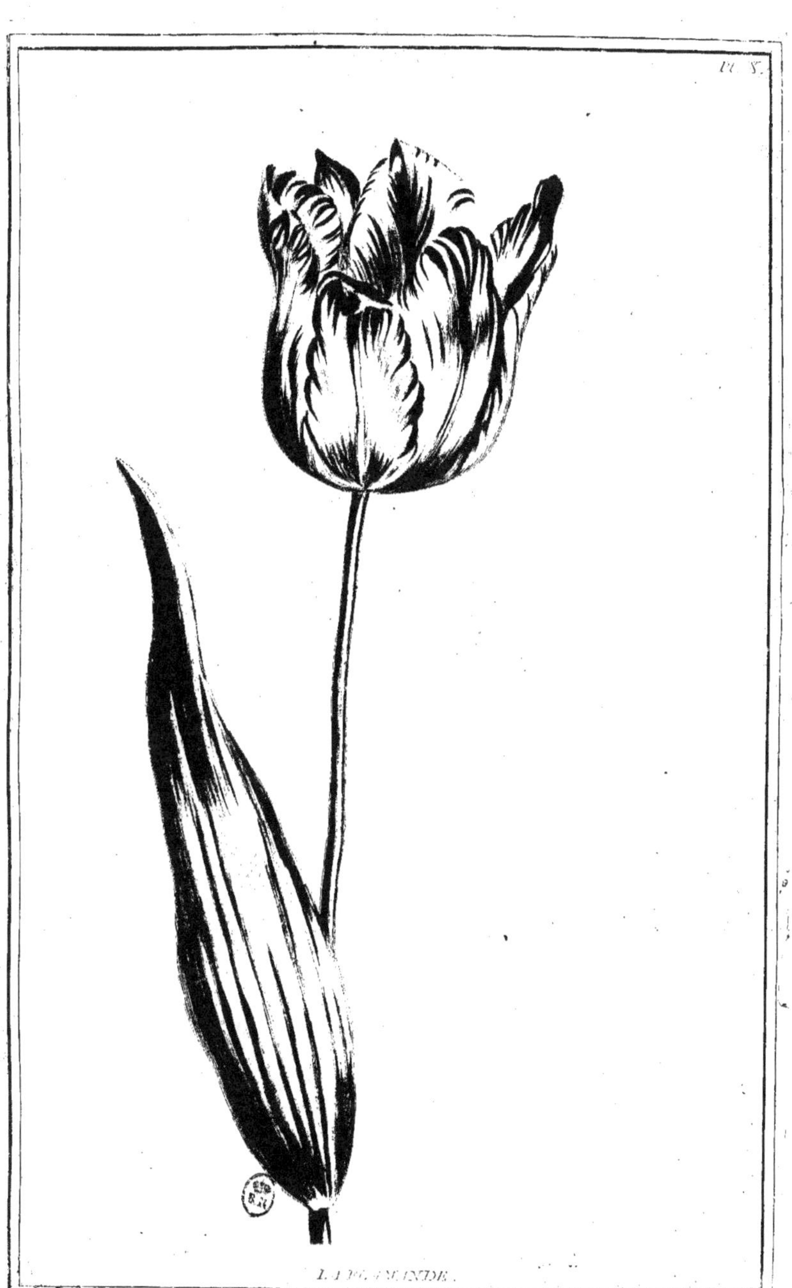

L'AGAT MINDE.

LA PERTHUIS.

LA BESENVAL.

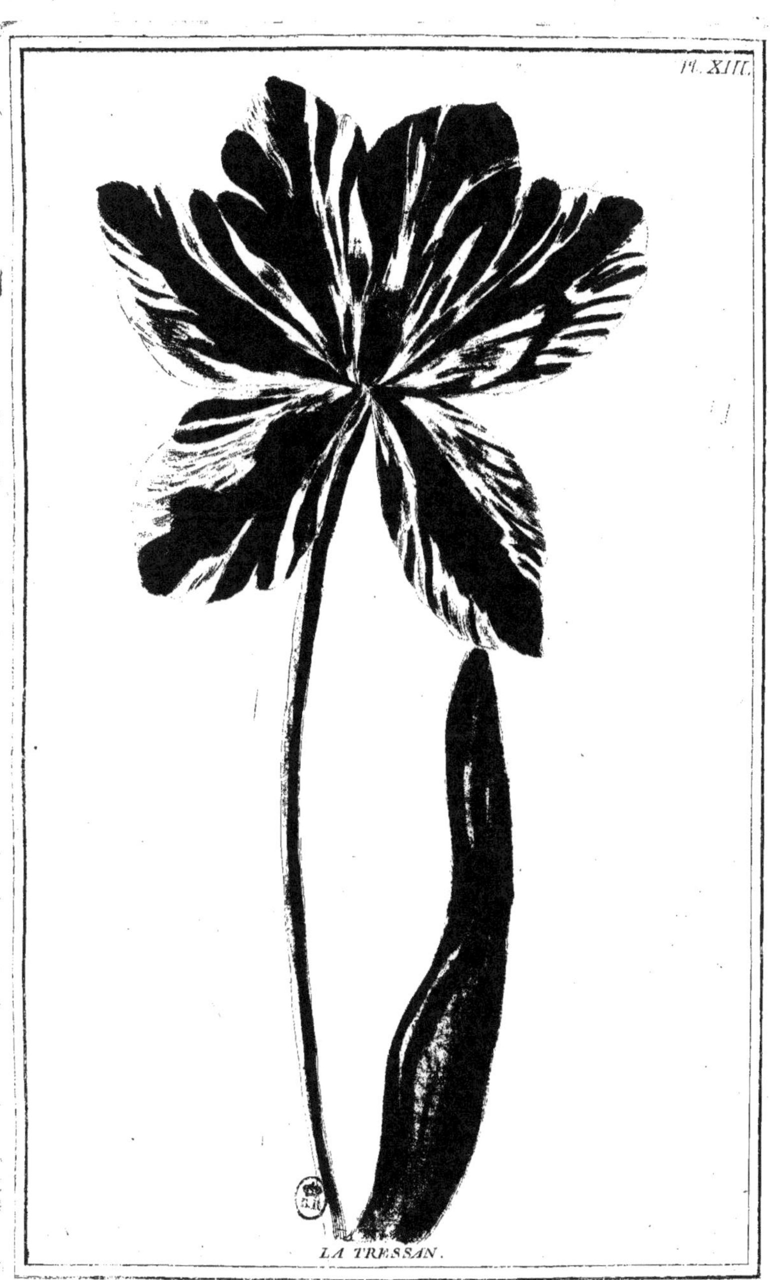

LA TRESSAN.

LA ... RUSSIENNE.

LA TURQUOISE.

Io. Lemaire.

LE DRAP D'OR.

LA TULIPE.

LA PETITE MIGNONE.

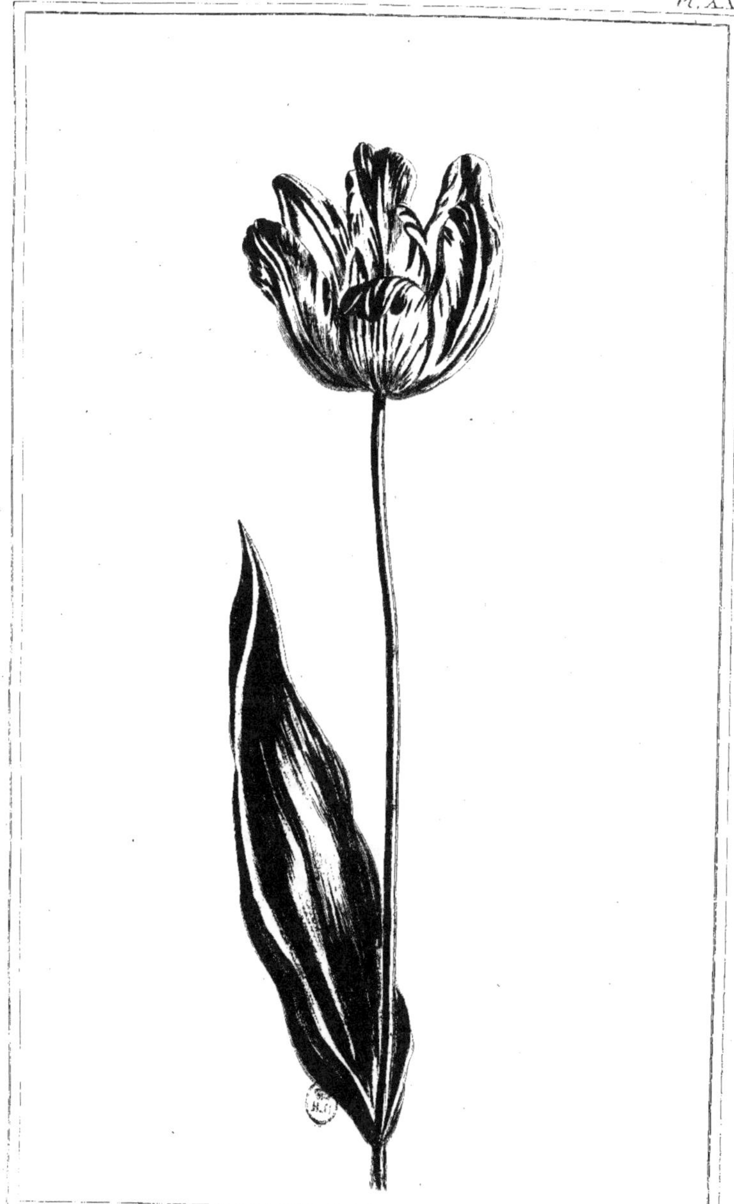

L'ESPAGNOLE

LA LEMONNIER.

LA DECHAMBLANC.

LA PETIT.

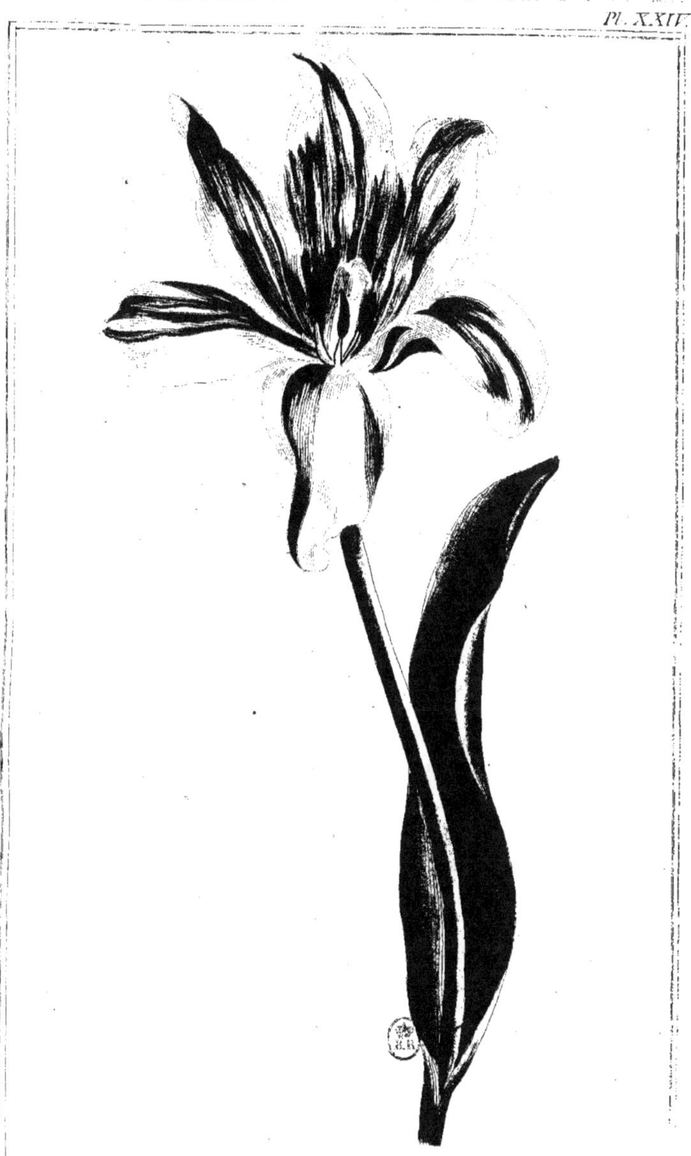

L. I DE PRESSIGNY.

L.I DE PRESSIGNY.

LA JOLY DE FLEURY.

LE COMTE DE VERGENNES.

LA COMTESSE DE POLIGNAC.

LE COMTE D'ANGIVILLERS.

LA D'AMELOT.

LE MARQUIS DE LA FAYETTE.

L'AMIRAL.

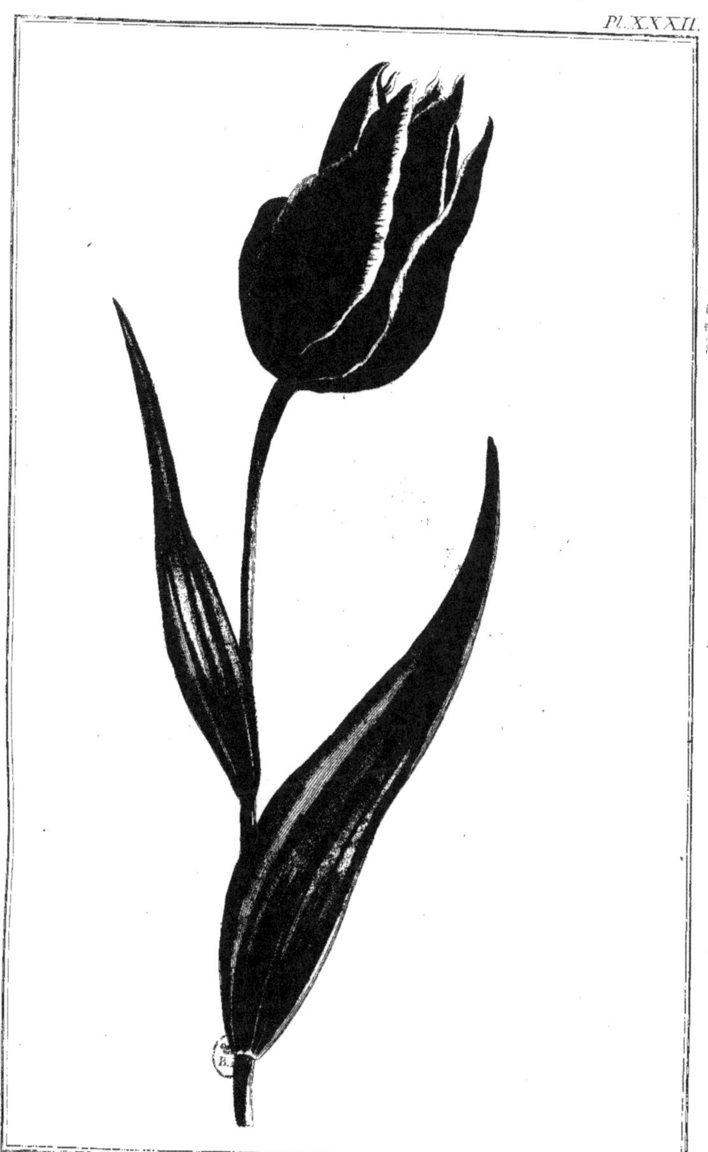

LA BORDEE.

LA JONQUILLE PANACHÉE.

LA PETITE PANACHE VIOLETTE.

L'AMERICAINE.

LA GERMAINE.

LA CHARMANTE.

LE COMTE D'ANGOULÊME.

LE DUC DE BERRY.

SEMPER AUGUSTUS.

La Violette panachée.

Lilas panaché.

La Blanc-Bordée.

La Panachée de jaune.

La Blanche bordée de Rouge.

La Primevere.

La Sacy.

La Jaune melée de Rouge.

L'admirable.

Bombam.

La Gouffier.